MARCO SEIFRIED

ONE POT VEGGIE

FOTOGRAFIE: JULIA HOERSCH, COCO LANG

INHALT

Öffnen Sie die Klappen dieses Buches.
Dort finden Sie die wichtigsten Infos zum Thema auf einen Blick!

**DAS PRINZIP:
ONE POT VEGGIE**

**DIE PERFEKTE
KOMBI**

Immer griffbereit:

**SO GEHT'S:
ONE POT GAREN**

Immer griffbereit:

**SO GEHT'S:
GEMÜSEBRÜHE
KOCHEN**

GU CLOU

Wussten Sie schon, dass ...?
Entdecken Sie bei einigen ausgewählten Rezepten ganz besondere Tipps mit verblüffendem Insiderwissen.
Aha-Momente garantiert!

Mit diesem Symbol sind alle veganen Gerichte gekennzeichnet.

Die Backzeiten können je nach Herd variieren. Unsere Temperaturangaben beziehen sich auf das Backen im Elektroherd mit Ober- und Unterhitze.

Sammeln Ihrer Lieblingsrezepte mit der »GU Kochen Plus«-App (siehe S. 64)

REZEPTKAPITEL

06 AUS DEM TOPF

26 AUS DER PFANNE

44 AUS DEM OFEN

MARCO SEIFRIED

Es gibt viele gute Gründe, auf Fleisch zu verzichten. Unser Autor genießt zwar ab und zu mal eine Frikadelle, kocht aber immer öfter vegetarisch. Einfach weil es gut schmeckt, gesund ist und mit diesen Rezepten so leicht fällt.

Was mögen Sie am One Pot Kochen?

Das Hantieren mit vielen Töpfen, Pfannen und Formen in der Küche hat endlich ein Ende! Die Zutaten kommen entweder in einen Topf, eine Pfanne, eine Auflaufform oder auf ein Backblech. Alle Gerichte funktionieren ganz unkompliziert. Die Vorbereitung ist äußerst übersichtlich, die Zubereitung meist schnell, und einen großen Abwasch gibt es nicht. Gleichzeitig sind die Rezepte unglaublich abwechslungsreich – hier zeigt sich, wie vielseitig und lecker Gemüse sein kann.

Haben Sie manchmal Fleisch vermisst?

Ganz ehrlich, mir hat da überhaupt nichts gefehlt. Die wunderbaren Aromen von knackigem Gemüse kommen hier super zur Geltung. Wichtig ist natürlich absolute Frische. Am besten Saisonware einkaufen, damit liegen Sie immer richtig! Kombiniert mit Getreide, Reis, Nudeln, Kartoffeln oder Hülsenfrüchten kommt raffinierte Abwechslung auf den Tisch. Die Geheimzutat für einen runden Geschmack ist eine reichhaltige Gemüsebrühe, am besten selbst gekocht (Rezept hinten im Buch). Zusätzlich können ein paar frische Kräuter wahre kulinarische Wunder bewirken, meist reichen schon ein paar Blättchen. Und der Heißhunger auf etwas Deftiges lässt sich gut mit Rauchmandeln oder Räuchertofu stillen.

Gab es einen Aha-Moment ?

Ich war total überrascht, als ich die fertige Pfannenpizza auf meinem Teller liegen hatte und sie endlich probieren konnte. Niemals hätte ich gedacht, dass sie so unglaublich knusprig gelingt. Das liegt wahrscheinlich am Teig selbst und daran, dass er von beiden Seiten in der Pfanne gebraten wird. Außerdem ist alles an Belag darauf, was eine gute Pizza für mich braucht: Oregano, Tomaten, Mozzarella und Basilikum. Simpel, aber unwiderstehlich.

BLITZREZEPT: HIRSOTTO MIT 5 ZUTATEN

600 ml Gemüsebrühe in einem Topf erhitzen.

1 Schalotte schälen und in feine Würfel schneiden.

150 g Hirse in einem Sieb gründlich mit heißem Wasser abbrausen und gut abtropfen lassen.

25 g italienischen Hartkäse (mit mikrobiellem Lab, z.B. Montello) fein reiben. 20 g Butter in einem Topf (ca. 20 cm ⌀) erhitzen.

Schalotte in den Topf geben und ca. 2 Min. andünsten. Hirse hinzufügen und ca. 300 ml Gemüsebrühe einrühren. Alles offen bei kleiner Hitze köcheln, bis die Brühe fast vollständig von der Hirse aufgesogen ist. Dann die restliche Brühe (ca. 300 ml) unterrühren und den Hirsotto in 10–14 Min. fertig garen. Mit Salz und Pfeffer abschmecken und den geriebenen Käse unterrühren.

AUS DEM TOPF

Für 2 Personen • 35 Min. Zubereitung • Pro Portion ca. 675 kcal, 23 g E, 25 g F, 80 g KH

KÄSE-MAKKARONI-TOPF

GÜNSTIG

1 Knoblauchzehe
170 g Möhren
200 g kurze Makkaroni
  (Kochzeit 7–9 Min.)
550 ml Gemüsebrühe
5 EL trockener Weißwein
150 g TK-Rahmspinat
100 g Doppelrahmfrischkäse
2 Frühlingszwiebeln
Salz
Pfeffer
frisch geriebene Muskatnuss
2 EL geriebener mittelalter
  Gouda (mit mikrobiellem
  Lab)

1 Den Knoblauch schälen und fein hacken. Die Möhren putzen, schälen und in ca. 0,5 cm große Würfel schneiden. Knoblauch und Möhren mit Makkaroni, Brühe und Wein in einem Topf (ca. 20 cm Ø) zugedeckt bei großer Hitze aufkochen, dann bei kleiner bis mittlerer Hitze ca. 7 Min. sanft köcheln lassen. Den Spinat unterrühren, alles einmal aufkochen und ca. 3 Min. weitergaren. Falls die Mischung zu trocken wird, esslöffelweise etwas Wasser dazugeben. Den Frischkäse unterrühren und alles 2–5 Min. weiterköcheln, bis die Nudeln gar sind. Während der gesamten Garzeit immer wieder umrühren, damit nichts am Topfboden anhängt.

2 Kurz vor Garzeitende die Frühlingszwiebeln putzen, waschen und in feine Ringe schneiden. Einige Zwiebelringe zum Garnieren beiseitelegen, die übrigen unter die Nudeln mischen. Die Nudeln mit Salz, Pfeffer und 1 Prise Muskat abschmecken und auf Teller verteilen. Mit geriebenem Gouda und den übrigen Frühlingszwiebeln bestreuen.

Für 2 Personen • 30 Min. Zubereitung • Pro Portion ca. 700 kcal, 25 g E, 29 g F, 81 g KH

ONE POT PASTA CAPRESE

MEDITERRAN

2 Knoblauchzehen
200 ml passierte Tomaten
450 ml Gemüsebrühe
200 g Penne rigate
(Kochzeit 9–11 Min.)
180 g Kirschtomaten
(z. B. Datteltomaten)
3 Stängel Basilikum
125 g Mini-Mozzarellakugeln
2 EL Olivenöl
Salz
Pfeffer
2 EL Basilikumpesto (aus
dem Glas; vegetarisch oder
vegan)

1 Knoblauch schälen, fein hacken und mit passierten Tomaten, Gemüsebrühe und Nudeln in einem Topf (ca. 20 cm ⌀) mischen. Alles zugedeckt bei großer Hitze aufkochen, dann bei kleiner bis mittlerer Hitze 10 Min. sanft köcheln lassen.

2 Inzwischen Kirschtomaten waschen und halbieren. Kirschtomaten nach den 10 Min. Garzeit unter die Nudeln rühren, alles einmal aufkochen und dann bei kleiner bis mittlerer Hitze 5–8 Min. weiterköcheln, bis die Nudeln gar sind. Während der gesamten Garzeit immer wieder umrühren, damit nichts am Topfboden anhängt.

3 Kurz vor Ende der Garzeit Basilikum waschen und trocken schütteln, Blätter abzupfen. Mozzarellakugeln jeweils halbieren. Etwas Basilikum zum Garnieren beiseitelegen, übrige Blätter mit Öl unter die Nudeln mischen. Pasta mit Salz und Pfeffer abschmecken, auf Teller geben und mit Pesto, Mozzarella und übrigem Basilikum garnieren.

KRITHARAKI-FETA-TOPF MIT SPINAT

GRIECHISCH

2 Knoblauchzehen
125 g Baby-Spinat
1 Zweig Thymian
80 g getrocknete Tomaten (in Öl)
2 EL Olivenöl
150 g Kritharaki (griechische
    Nudeln in Reisform; Koch-
    zeit 14–16 Min.)
2 TL Tomatenmark
500 ml Gemüsebrühe
1 Dose weiße Bohnen (240 g Ab-
    tropfgewicht)
100 g Schafskäse (Feta)
Salz
Pfeffer

1 Den Knoblauch schälen und fein hacken. Den Spinat waschen, verlesen und abtropfen lassen. Den Thymian waschen und trocken schütteln, die Blättchen abzupfen. Die getrockneten Tomaten abtropfen lassen und in kleine Stücke schneiden.

2 Das Olivenöl in einem Topf (ca. 20 cm ⌀) erhitzen und den Knoblauch darin ca. 2 Min. andünsten. Die Kritharaki hinzufügen und alles ca. 1 Min. weiterdünsten. Das Tomatenmark einrühren und ca. 1 Min. andünsten, dann die Gemüsebrühe einrühren. Die Nudeln zugedeckt bei großer Hitze aufkochen, dann offen bei kleiner bis mittlerer Hitze 10 Min. köcheln. Die Hälfte der Thymianblättchen unterrühren und die Nudeln 5–10 Min. weiterköcheln. Währenddessen immer wieder umrühren, damit nichts am Topfboden anhängt.

3 Während die Nudeln garen, die weißen Bohnen in ein Sieb abgießen, abbrausen und abtropfen lassen. Den Feta in kleine Würfel schneiden.

4 Die Nudeln probieren. Sind sie noch nicht bissfest, bei Bedarf noch 2–5 EL Wasser dazugeben und kurz weiterköcheln. Getrocknete Tomaten und weiße Bohnen zu den Nudeln geben und unter Rühren erhitzen. Den Spinat untermengen und 2–3 Min. mitköcheln. Die Nudeln mit Salz und Pfeffer abschmecken und die Fetastücke sowie die übrigen Thymianblättchen daraufgeben.

ASIA-PASTA MIT SHIITAKE 🌿

EXOTISCH

100 g Shiitake (Pilze)
1 Mini-Pak-Choi (ca. 100 g)
1 gelbe Paprika (ca. 170 g)
10 g Ingwer
2 Knoblauchzehen
4 Stängel Koriandergrün
150 g Räuchertofu
2 EL Öl
120 g weiße Reisbandnudeln
   (Kochzeit ca. 3 Min.; ersatzweise Glasnudeln)
ca. 4 EL Sojasauce

1 Die Shiitake putzen und mit einem feuchten Tuch abreiben, die Stiele entfernen. Die Pilzhüte je nach Größe jeweils halbieren oder vierteln. Den Pak Choi putzen und waschen, den harten Strunk entfernen. Die weißen Stiele in feine Streifen schneiden, die Blätter in breitere Streifen.

2 Die Paprika waschen und längs halbieren, weiße Trennwände und Kerne entfernen. Die Hälften in dünne Streifen schneiden. Den Ingwer und den Knoblauch schälen, beides in feine Würfel schneiden. Das Koriandergrün waschen und trocken schütteln, die Blättchen abzupfen. Die Hälfte der Korianderblättchen grob hacken. Den Tofu in ca. 1 cm große Würfel schneiden.

3 Das Öl in einem Topf (ca. 20 cm ⌀) erhitzen. Pilze, Pak-Choi-Stiele und Paprikastreifen darin unter Rühren ca. 1 Min. andünsten. Ingwer und Knoblauch hinzufügen und kurz mitdünsten. Dann ca. 350 ml Wasser angießen und alles zugedeckt bei großer Hitze aufkochen. Die Nudeln zwei- oder dreimal durchbrechen oder -schneiden, in den Topf geben und alles bei mittlerer Hitze unter häufigem Rühren 2–3 Min. kochen lassen.

4 Den Tofu, die Pak-Choi-Blätter und 3 EL Sojasauce dazugeben und alles unter ständigem Rühren 1–2 Min. weiterköcheln, bis die Nudeln gar sind. Bei Bedarf esslöffelweise Wasser hinzufügen. Die Asia-Pasta mit der übrigen Sojasauce (ca. 1 EL) abschmecken, mit dem gesamten Koriandergrün bestreuen und sofort servieren.

Für 2 Personen • 30 Min. Zubereitung • Pro Portion ca. 825 kcal, 19 g EW, 36 g F, 107 g KH

SCHNELLE GEMÜSEPAELLA 🍃

SPANISCH

80 g TK-Erbsen
½ Döschen gemahlener Safran (0,05 g)
40 g gehäutete Mandeln
2 Knoblauchzehen
150 g Kirschtomaten (rote und gelbe)
1 rote Spitzpaprika (ca. 150 g)
3 EL Olivenöl
½ TL edelsüßes Paprikapulver
Salz
Pfeffer
1 Pck. 2-Minuten-Express-Langkornreis (250 g)
40 g schwarze Oliven (z. B. Kalamata; entsteint)

1 TK-Erbsen auf einem Teller ausbreiten und etwas antauen lassen. Safran in 2 EL heißem Wasser einweichen. Mandeln in einer Pfanne ohne Fett goldbraun rösten, herausnehmen und abkühlen lassen. Knoblauch schälen und fein hacken. Tomaten waschen, trocken tupfen und halbieren. Paprika waschen und längs halbieren, weiße Trennwände und Kerne entfernen. Die Hälften klein würfeln.

2 Öl in einem Topf (ca. 20 cm ⌀) erhitzen und Paprika ca. 3 Min. darin andünsten. Erbsen und Knoblauch dazugeben, 2–3 Min. weiterdünsten. 5–6 EL Wasser, Tomaten, Safranwasser und Paprikapulver hinzufügen. Aufkochen lassen und mit Salz und Pfeffer würzen.

3 Reis im Beutel etwas durchkneten, um ihn zu lockern. Reis und Oliven in den Topf geben, unterrühren und zugedeckt 3–4 Min. erhitzen. Paella gut durchrühren. Mit Salz und Pfeffer abschmecken. Mit Mandeln bestreuen. Dazu passen noch Bio-Zitronenspalten.

Für 2 Personen • 40 Min. Zubereitung • Pro Portion ca. 525 kcal, 16 g EW, 22 g F, 63 g KH

BROKKOLIPILAW MIT PILZEN
FÜR GÄSTE

150 g Parboiled-Langkornreis
1 Schalotte
1 Knoblauchzehe
200 g Brokkoli
150 g Champignons
3 EL Olivenöl
400 ml Gemüsebrühe
Salz
Pfeffer
3 Radicchioblätter
50 g geräucherter Scamorza
   (mit mikrobiellem Lab)
2 EL Joghurt

1 Reis in einem Sieb waschen, dann abtropfen lassen. Schalotte und Knoblauch schälen, beides fein würfeln. Brokkoli putzen, waschen und in sehr kleine Röschen schneiden. Stiele schälen und klein würfeln. Pilze putzen, mit einem feuchten Tuch abreiben und in ca. 0,5 cm dicke Scheiben schneiden.

2 In einem Topf (ca. 20 cm ⌀) 2 EL Öl erhitzen. Pilze unter Rühren 2–3 Min. anbraten, herausnehmen und beiseitestellen. Restliches Öl (1 EL) erhitzen, Schalotte und Knoblauch 1 Min. dünsten. Reis dazugeben, 1–2 Min. dünsten. Brühe einrühren. Aufkochen und zugedeckt bei kleiner Hitze ca. 10 Min. köcheln. Brokkoli auf den Reis legen, zugedeckt 10–15 Min. weitergaren. Kurz vor Garende Pilze unterrühren. Salzen, pfeffern und zugedeckt 5 Min. ruhen lassen.

3 Radicchio waschen, abtropfen lassen, in feine Streifen schneiden. Scamorza würfeln. Pilaw mit Radicchio, Käse und Joghurt anrichten.

Für 2 Personen • 50 Min. Zubereitung • Pro Portion ca. 570 kcal, 11 g EW, 34 g F, 54 g KH

SÜSSKARTOFFEL-CHILI-CURRY 🍃

EXOTISCH

2 Knoblauchzehen
1 Zwiebel
1 rote Chilischote
1 orangefarbene Süßkartoffel
  (ca. 400 g)
250 g vollreife Tomaten
2 EL Sonnenblumenöl
1 TL mildes Currypulver
200 ml Kokosmilch
Salz
Pfeffer
300 g Brokkoli
½ Bund Koriandergrün

1 Den Knoblauch schälen und fein hacken. Die Zwiebel schälen und in dünne Spalten schneiden. Die Chilischote waschen, längs aufschneiden, entkernen und ohne den Stielansatz in feine Streifen schneiden. Die Süßkartoffel schälen und in 1,5–2 cm große Würfel schneiden. Die Tomaten waschen und ebenfalls in Würfel schneiden, dabei die Stielansätze entfernen.

2 Das Öl in einem Topf (ca. 20 cm ∅) erhitzen. Die Süßkartoffel darin unter Rühren ca. 5 Min. andünsten. Knoblauch, Zwiebel und Chili dazugeben und alles 2–3 Min. weiterdünsten. Das Currypulver einrühren und kurz mit anschwitzen. 2 EL Tomatenwürfel zum Garnieren beiseitelegen. Übrige Tomaten, Kokosmilch sowie ca. 150 ml Wasser in den Topf geben und alles vermengen. Aufkochen, mit Salz und Pfeffer würzen und anschließend zugedeckt bei mittlerer Hitze 5–6 Min. köcheln lassen. Währenddessen ab und zu umrühren.

3 Inzwischen den Brokkoli putzen, waschen und in kleine Röschen schneiden, den Stiel schälen und in kleine Würfel schneiden. Die Brokkoliröschen und -stiele in den Topf geben und das Curry 6–7 Min. weitergaren.

4 Den Koriander waschen und trocken schütteln, die Blätter abzupfen. Einige Korianderblätter zum Garnieren beiseitelegen, die restlichen Blätter grob hacken und unter das Curry rühren. Das Curry mit Salz und Pfeffer abschmecken. Zum Servieren mit den beiseitegelegten Tomatenwürfeln und Korianderblättern garnieren.

KARTOFFEL-GEMÜSE-GULASCH

FÜR GÄSTE

500 g festkochende Kartoffeln
200 g Möhren
1 rote Paprika (ca. 150 g)
120 g Champignons
2 Zwiebeln
2 EL Sonnenblumenöl
1 EL Tomatenmark
Salz
Pfeffer
400 ml Gemüsebrühe
3 Zweige Majoran
80 g Crème fraîche

GU CLOU

Die in den rohen Kartoffeln natürlich vorkommende Stärke kann eine heiße Sauce wunderbar cremig binden. Dafür müssen die Kartoffeln lediglich sehr fein gerieben werden und einfach einige Zeit mitkochen.

1 Die Kartoffeln schälen und waschen, ein Stück (ca. 50 g) beiseitelegen. Übrige Kartoffeln in ca. 2 cm große Würfel schneiden. Die Möhren putzen, schälen und ca. 1,5 cm groß würfeln. Die Paprika waschen und längs halbieren, weiße Trennwände und Kerne entfernen. Die Hälften in ca. 2 × 2 cm große Stücke schneiden. Die Pilze putzen, mit einem feuchten Tuch abreiben und je nach Größe halbieren oder vierteln. Die Zwiebeln schälen und grob würfeln.

2 Das Öl in einem Topf (ca. 20 cm ⌀) erhitzen und die Zwiebeln darin bei mittlerer Hitze in ca. 2 Min. glasig andünsten. Kartoffelwürfel, Möhren und Paprika dazugeben und unter Rühren 2–3 Min. mitdünsten. Das Tomatenmark einrühren und 1–2 Min. anschwitzen. Mit Salz und Pfeffer würzen. Brühe und Pilze dazugeben. Aufkochen und mit halb aufgelegtem Deckel bei mittlerer Hitze 10 Min. sanft köcheln lassen. Das beiseitegelegte Kartoffelstück fein reiben, benötigt werden ca. 25 g geriebene Kartoffel. Die geriebene Kartoffel unter das Gulasch rühren und alles 10–15 Min. weitergaren, dabei ab und zu umrühren. Sollte das Gulasch zu stark eindicken, esslöffelweise Wasser hinzufügen, bis es die gewünschte Konsistenz hat.

3 Den Majoran waschen und trocken schütteln, die Blättchen abzupfen. Einige Blättchen zum Garnieren beiseitelegen, übrige fein hacken und unter das Gulasch rühren. Gulasch mit Salz und Pfeffer abschmecken und 40 g Crème fraîche unterrühren. Auf Tellern anrichten, übrige Crème fraîche (40 g) als Kleckse daraufgeben und beiseitegelegten Majoran daraufstreuen.

Für 2 Personen • 15 Min. Zubereitung • 50 Min. Garen • Pro Portion ca. 635 kcal, 19 g EW, 47 g F, 29 g KH

GRÜNKOHLTOPF MIT MANDELN

GÜNSTIG

500 g TK-Grünkohl (gehackt)
1 rote Zwiebel
150 g Champignons
60 g Rauchmandeln (geröstet
   und gesalzen)
100 g Sahne
2 EL Rapsöl
200 ml Gemüsebrühe
Salz
Pfeffer
1 TL mildes Currypulver
300 g festkochende Kartoffeln
ca. 2 TL mittelscharfer Senf

1 Grünkohl ca. 10 Min. antauen lassen. Zwiebel schälen und klein würfeln. Champignons putzen und mit einem feuchten Tuch abreiben. 100 g Champignons grob schneiden, mit 30 g Mandeln und Sahne fein pürieren. Übrige Pilze (50 g) in dicke Scheiben schneiden und in einem Topf (ca. 20 cm ⌀) in 1 EL Öl unter Rühren bei großer Hitze 2–3 Min. kräftig anbraten. Herausnehmen und beiseitestellen.

2 Übriges Öl (1 EL) im Topf erhitzen und Zwiebel darin 1–2 Min. anbraten. Grünkohl, Champignonpüree und Brühe dazugeben und alles aufkochen. Mit Salz, Pfeffer und Curry würzen. Zugedeckt bei kleiner Hitze ca. 10 Min. köcheln lassen. Inzwischen Kartoffeln schälen, waschen und ca. 1,5 cm groß würfeln. Kartoffeln unter den Grünkohl rühren. Zugedeckt 35–40 Min. weitergaren, dabei ab und zu umrühren. Falls es zu dickflüssig wird, esslöffelweise Wasser dazugeben. Senf unterrühren, mit Salz und Pfeffer abschmecken. Gebratene Pilze und übrige Mandeln (30 g) daraufgeben.

Für 2 Personen • 40 Min. Zubereitung • Pro Portion ca. 460 kcal, 25 g EW, 15 g F, 54 g KH

LINSENDAL MIT BLUMENKOHL

INDISCH

3 Frühlingszwiebeln
2 Knoblauchzehen
200 g Tomaten
300 g Blumenkohl
10 g Ingwer
1 rote Chilischote
30 g Butter
150 g rote Linsen
2 TL mildes Currypulver
450 ml Gemüsebrühe
Salz

1 Frühlingszwiebeln putzen und waschen. Die weißen Teile würfeln, das Grün in feine Ringe schneiden. Knoblauch schälen, klein würfeln. Tomaten waschen, trocken tupfen und ohne Stielansätze klein würfeln. Blumenkohl putzen, waschen und in kleine Röschen schneiden, Stiel schälen und würfeln. Ingwer schälen und fein hacken. Chili waschen, aufschneiden, entkernen und in feine Streifen schneiden.

2 Butter in einem Topf (ca. 20 cm ⌀) erhitzen und Blumenkohl darin bei kleiner Hitze 2–3 Min. rundherum anbraten. Die weißen Teile der Frühlingszwiebeln, Knoblauch, Ingwer und Chili dazugeben und 1–2 Min. mitbraten. Linsen sowie Currypulver unterrühren und ca. 1 Min. andünsten. Brühe und Tomaten dazugeben. Alles aufkochen und dann zugedeckt bei kleiner Hitze 10–12 Min. köcheln, dabei ab und zu umrühren. Die Hälfte des Frühlingszwiebelgrüns unterrühren. Dal mit Salz abschmecken und mit restlichem Frühlingszwiebelgrün bestreuen. Dazu passen Fladenbrot und etwas Sahnejoghurt.

Für 2 Personen • 35 Min. Zubereitung • Pro Portion ca. 665 kcal, 24 g E, 24 g F, 82 g KH

WARMER COUSCOUSSALAT MIT KICHERERBSEN

SOMMER-REZEPT

1 Möhre (ca. 100 g)
1 gelbe Paprika (ca. 150 g)
2 Frühlingszwiebeln
1 Dose Kichererbsen (240 g Ab-
    tropfgewicht)
3 EL Olivenöl
3 TL Tomatenmark
300 ml Gemüsebrühe
150 g Couscous
Salz
Pfeffer
80 g Schafskäse (Feta)
½ Bund glatte Petersilie

1 Die Möhre putzen, schälen und in sehr kleine Würfel schneiden. Die Paprika waschen und längs halbieren, weiße Trennwände und Kerne entfernen. Die Paprikahälften in ca. 1 × 1 cm große Stücke schneiden. Die Frühlingszwiebeln putzen, waschen und in feine Ringe schneiden.

2 Die Kichererbsen in ein Sieb abgießen, abbrausen und gut abtropfen lassen. Das Olivenöl in einem Topf (ca. 20 cm ⌀) erhitzen. Die Möhre und die Paprika darin unter Rühren bei mittlerer Hitze ca. 5 Min. andünsten. Das Tomatenmark einrühren und ca. 2 Min. anschwitzen.

3 Einige Frühlingszwiebelringe zum Garnieren beiseitelegen. Die übrigen Frühlingszwiebelringe und die Gemüsebrühe in den Topf geben und alles aufkochen. Den Couscous einrühren. Die Couscousmischung mit Salz und Pfeffer würzen und gut durchrühren. Den Topf vom Herd nehmen und den Couscous zugedeckt ca. 10 Min. quellen lassen.

4 Inzwischen den Schafskäse in Würfel schneiden. Die Petersilie waschen und trocken schütteln, die Blätter abzupfen und fein hacken. Petersilie und Kichererbsen unter den Couscous rühren. Den Couscous mit Salz und Pfeffer abschmecken. Den Schafskäse darauf verteilen und die beiseitegelegten Frühlingszwiebeln daraufstreuen.

GERSOTTO MIT EI

FRÜHLINGS-REZEPT

650 ml Gemüsebrühe
2 sehr frische Eier (M)
1 Zwiebel
1 Möhre (ca. 125 g)
1 Kohlrabi (ca. 330 g)
2 EL Olivenöl
150 g Rollgerste (Gerstengraupen)
½ Bund Schnittlauch
40 g Butterkäse (mit mikrobiellem
  Lab; in Scheiben)
1 EL Butter
Salz
Pfeffer

1 Die Brühe in einem Topf (ca. 20 cm ∅) aufkochen. Die Eier heiß abwaschen, mit einem Eierpikser anstechen, mithilfe eines Esslöffels in die Brühe legen und bei starker Hitze in 7–8 Min. wachsweich kochen.

2 Inzwischen die Zwiebel schälen und in feine Würfel schneiden. Die Möhre putzen, schälen und in ca. 0,5 cm große Würfel schneiden. Den Kohlrabi putzen und schälen. Drei Viertel der Knolle in ca. 1 cm große Würfel schneiden, den Rest fein reiben. Die gekochten Eier aus der Brühe heben, abschrecken und beiseitelegen. Die Brühe in einen Messbecher umfüllen.

3 Das Olivenöl im Topf erhitzen. Zwiebel, Möhre und Kohlrabiwürfel darin bei mittlerer Hitze ca. 2 Min. andünsten. Die Gerste dazugeben und ca. 2 Min. unter Rühren andünsten. Den geriebenen Kohlrabi einrühren und ca. 250 ml Brühe dazugießen. Alles mit halb aufgelegtem Deckel bei kleiner Hitze 35–40 Min. garen, währenddessen öfter umrühren und nach und nach ca. 200 ml Brühe angießen. Je nach gewünschter Konsistenz noch etwas Brühe oder Wasser dazugeben.

4 Den Schnittlauch waschen, trocken schütteln und in feine Röllchen schneiden. Den Käse in kleine Stücke zupfen oder schneiden und unter Rühren im Gersotto auflösen. Die Butter unterrühren. Den Gersotto mit Salz und Pfeffer abschmecken. Die Eier pellen und jeweils halbieren. Den Gersotto auf Teller verteilen, die Eierhälften darauf anrichten und mit Salz würzen. Zum Schluss den Schnittlauch daraufstreuen.

AUS DER PFANNE

PFANNENPIZZA

ITALIENISCH

10 g frische Hefe
100 g Weizenmehl (Type 550)
Salz
2 ½ EL Olivenöl
25 g Tomatenmark
1 TL getrockneter Oregano
1 Knoblauchzehe
Pfeffer
100 g Mozzarella
4 Kirschtomaten (ca. 70 g)
1 Stängel Basilikum

AUSSERDEM
Mehl zum Bearbeiten

GUT ZU WISSEN
Wer frische Hefe übrig hat, kann sie einfrieren. Luftdicht verpackt bleibt sie so etwa 6 Monate haltbar. Die gefrorene Hefe zur Weiterverarbeitung je nach Rezept in warmer Milch oder in warmem Wasser auftauen und darin auflösen.

1 Die Hefe in ca. 50 ml lauwarmem Wasser auflösen. Das Mehl mit ca. ½ TL Salz in einem hohen Rührbecher vermischen. ½ EL Olivenöl und das Hefewasser dazugeben. Alles mit den Knethaken des Handrührgeräts zu einem glatten Hefeteig verkneten. Den Becher mit einem angefeuchteten Stück Küchenpapier abdecken und den Teig darin ca. 45 Min. gehen lassen.

2 Das Tomatenmark mit 1 EL Olivenöl, 1 EL Wasser und dem Oregano in ein Schälchen füllen. Den Knoblauch schälen und durch eine Knoblauchpresse dazudrücken. Mit Salz und Pfeffer würzen und alles gut verrühren. Den Mozzarella in ca. 10 Scheiben schneiden. Die Tomaten waschen, trocken reiben und in dünne Scheiben schneiden. Das Basilikum waschen und trocken schütteln, die Blätter abzupfen.

3 Den Teig auf der mit Mehl bestäubten Arbeitsfläche nochmals durchkneten, zu einer Kugel formen und rund (ca. 26 cm Ø) ausrollen. Übriges Öl (1 EL) in einer beschichteten Pfanne (ca. 28 cm Ø) erhitzen. Den Fladen darin bei mittlerer Hitze 3–4 Min. anbraten, wenden, mit der Tomatenmarkmischung bestreichen und mit Tomaten und Mozzarella belegen.

4 Den Deckel auflegen und die Pizza bei mittlerer Hitze 9–11 Min. garen, dabei sollte der Mozzarella schmelzen. Zwischendurch die Pizza anheben und, falls der Boden zu stark bräunt, die Hitze etwas reduzieren. Kurz vor Ende der Garzeit den Deckel abnehmen. Die Pizza halbieren und mit Basilikumblättern garnieren. Nach Belieben mit Pfeffer bestreuen.

Für 2 Personen • 35 Min. Zubereitung • Pro Portion ca. 620 kcal, 23 g EW, 46 g F, 30 g KH

HALLOUMI-ZUCCHINI-SCHMARREN

FÜR KINDER

1 Zucchino (ca. 200 g)
1 Schalotte
70 g Halloumi
½ Bund Schnittlauch
150 g Schmand
Salz
Pfeffer
2 Eier (M)
ca. 100 ml Milch
60 g Weizenmehl (Type 550)
frisch geriebene Muskatnuss
2 EL Olivenöl

1 Zucchino putzen, waschen und ca. 1 cm groß würfeln. Schalotte schälen und fein würfeln. Halloumi grob raspeln. Schnittlauch waschen, trocken schütteln, in feine Röllchen schneiden und mit Schmand verrühren. Schmandmischung mit Salz und Pfeffer würzen.

2 Eier trennen. Eiweiße mit 1 Prise Salz steif schlagen. Eigelbe mit Milch und Mehl zu einem glatten, zähflüssigen Teig verrühren. Mit Salz, Pfeffer und 1 Prise Muskat würzen. Halloumi unter den Teig rühren und Eischnee mit einem Schneebesen vorsichtig unterheben.

3 Öl in einer beschichteten Pfanne (ca. 28 cm ⌀) erhitzen. Zucchino darin bei mittlerer Hitze unter Rühren ca. 2 Min. anbraten. Schalotte dazugeben, ca. 2 Min. mitbraten. Teig darauf verteilen, alles 5–7 Min. weiterbraten. Schmarren mit einem Pfannenwender vierteln, wenden und in ca. 5 Min. fertig braten. Schmarren mithilfe zweier Gabeln in Stücke zupfen, auf Teller verteilen und mit Dip servieren.

Für 2 Personen • 35 Min. Zubereitung • Pro Portion ca. 700 kcal, 12 g EW, 37 g F, 72 g KH

PILZ-MÖHREN-STROGANOFF

SCHNELL

200 g Austernpilze
150 g Möhren
3 Schalotten
1 Gewürzgurke
2 EL Olivenöl
1 Pck. Mini-Kartoffelknödel
(400 g)
175 ml Gemüsebrühe
100 g Crème fraîche
3 Stängel glatte Petersilie
1 TL mittelscharfer Senf
Salz
Pfeffer

1 Pilze putzen, mit einem feuchten Tuch abreiben und mundgerecht schneiden. Möhren putzen, schälen und mit dem Gemüsehobel in hauchdünne Scheiben schneiden. Schalotten schälen und längs achteln. Gurke längs halbieren und in dünne Scheiben schneiden.

2 Öl in einer Pfanne (ca. 28 cm ⌀) erhitzen. Knödel und Möhren darin bei mittlerer Hitze ca. 5 Min. unter Wenden anbraten. Schalotten und Pilze dazugeben, alles ca. 2 Min. weiterbraten. Brühe dazugießen und aufkochen. 80 g Crème fraîche sowie Gurke dazugeben und alles offen 8–10 Min. weiterköcheln. Falls die Mischung zu trocken wird, esslöffelweise etwas Wasser hinzufügen.

3 Nebenher Petersilie waschen und trocken schütteln, Blätter abzupfen und grob hacken. Senf unter das Stroganoff rühren. Stroganoff mit Salz und Pfeffer abschmecken und auf Tellern anrichten. Mit übriger Crème fraîche (20 g) und Petersilie garnieren.

SPARGELFRITTATA MIT TOMATE

ITALIENISCH

2 Frühlingszwiebeln
150 g grüner Spargel
120 g Tomaten
3 Stängel Basilikum
50 g junger Bergkäse
(mit mikrobiellem Lab)
2 EL Olivenöl
5 Eier (M)
Salz
Pfeffer
frisch geriebene Muskatnuss

TAUSCH-TIPP

Wen tierisches Lab in Käse nicht stört, der kann für das Rezept auch gern die gleiche Menge italienischen Fontina-Käse verwenden.

1 Die Frühlingszwiebeln putzen, waschen und in feine Ringe schneiden. Den Spargel waschen und die holzigen Enden abschneiden. Die Stangen im unteren Drittel schälen und in 2–3 cm lange Stücke schneiden.

2 Die Tomaten waschen, trocken tupfen, vierteln, vom Stielansatz befreien und entkernen. Das Fruchtfleisch in kleine Würfel schneiden. Das Basilikum waschen und trocken schütteln. Die Blätter abzupfen, die Hälfte in breite Streifen schneiden. Den Käse entrinden und in kleine Würfel schneiden.

3 Das Olivenöl in einer beschichteten Pfanne (ca. 26 cm ⌀) erhitzen und den Spargel darin bei mittlerer Hitze unter Rühren 4–5 Min. andünsten. 2 TL Tomatenwürfel zum Garnieren beiseitelegen. Restliche Tomatenwürfel und Frühlingszwiebeln in die Pfanne geben, alles ca. 1 Min. weiterdünsten.

4 Die Eier in einem Rührbecher verquirlen und mit Salz, Pfeffer und 1 Prise Muskat würzen. Käse und Basilikumstreifen unterrühren. Die Eiermischung in die Pfanne gießen und offen bei mittlerer Hitze ca. 10 Min. garen, bis die Oberfläche zu stocken beginnt. Zum Wenden auf einen großen Teller (z. B. Pizzateller) gleiten lassen und mit der Oberseite nach unten zurück in die Pfanne stürzen. In ca. 5 Min. fertig braten.

5 Die Frittata zum Servieren in Stücke schneiden und mit Basilikumblättern, den beiseitegelegten Tomatenwürfeln und evtl. Pfeffer garnieren. Dazu passt Ciabatta.

Für 2 Personen • 45 Min. Zubereitung • Pro Portion ca. 490 kcal, 24 g EW, 12 g F, 73 g KH

GEMÜSE-SEITAN-SCHASCHLIK ◖

FÜR GÄSTE

1 schmaler Zucchino (ca. 200 g)
Salz
1 kleine rote Paprika
4 Schalotten (à ca. 30 g)
160 g Seitan (im Stück; fertig
  mariniert, z. B. mit Sojasauce
  und Ingwer)
180 ml Tomatenketchup
150 ml Apfelsaft
2 EL Rapsöl
1 TL mildes Currypulver
Pfeffer
2 vegane Mehrkornbrötchen

AUSSERDEM
4 große Holz-Schaschlikspieße (à
  mind. 20 cm)

GUT ZU WISSEN
Seitan ist ein pflanzliches Produkt aus dem Weizeneiweiß Gluten. Für Menschen mit einer entsprechenden Unverträglichkeit (Zöliakie) ist Seitan nicht geeignet. Ersatzweise kann man Tofu verwenden, der sich ähnlich verarbeiten lässt.

1 Zucchino waschen, putzen und längs halbieren. Längs acht ca. 2 mm dünne Scheiben abschneiden oder abhobeln. Die Zucchinischeiben mit Salz bestreuen und kurz ziehen lassen. Die Paprika waschen und längs vierteln, weiße Trennwände und Kerne entfernen. Die Viertel in zwölf möglichst quadratische Stücke schneiden. Die Schalotten schälen. 3 Schalotten längs vierteln, 1 Schalotte in feine Würfel schneiden. Den Seitan in acht gleich große, würfelförmige Stücke schneiden.

2 Zucchino mit Küchenpapier trocken tupfen. Jedes Seitanstück mit einer Zucchinischeibe umwickeln. Seitan, Paprika und Schalottenviertel gleichmäßig verteilt abwechselnd auf die Holzspieße stecken. Das Ketchup mit dem Apfelsaft und ca. 60 ml Wasser in einem Schälchen glatt verrühren.

3 Das Öl in einer beschichteten Pfanne (ca. 28 cm ∅) erhitzen und die Spieße darin bei mittlerer bis starker Hitze ca. 5 Min. rundherum anbraten. Die Schalottenwürfel hinzufügen und alles ca. 2 Min. weiterbraten. Die Spieße mit ½ TL Currypulver bestäuben und die Ketchupmischung dazugießen. Alles aufkochen und zugedeckt bei mittlerer Hitze 7–8 Min. köcheln lassen, währenddessen die Spieße ab und zu wenden. Falls die Sauce zu dickflüssig wird, esslöffelweise Wasser hinzufügen. Mit Salz und Pfeffer abschmecken.

4 Je zwei Spieße mit Sauce auf einem Teller anrichten. Mit dem restlichen Currypulver (½ TL) bestäuben und mit den Brötchen servieren.

WIRSINGBULGUR MIT TAHIN 🌿

WINTER-REZEPT

FÜR DEN BULGUR

3 EL Mandeln
80 g getrocknete Soft-Aprikosen
340 g Wirsing
1 Schalotte
2 EL Sonnenblumenöl
120 g Bulgur
1 TL mildes Currypulver
Salz
Pfeffer

FÜR DIE SESAMSAUCE

60 g Sesammus (Tahin)
2 EL Zitronensaft
1 TL Agavendicksaft
Salz

1 Für den Bulgur die Mandeln grob hacken. In einer Pfanne ohne Fett rösten, herausnehmen und auskühlen lassen. Die Aprikosen in kleine Würfel schneiden. Den Wirsing putzen, waschen und in ca. 1 cm breite Streifen schneiden. Die Schalotte schälen und in kleine Würfel schneiden.

2 Das Öl in einer Pfanne (ca. 28 cm ⌀) erhitzen und den Wirsing darin bei großer Hitze unter Rühren 4–5 Min. kräftig anbraten. Die Schalotte hinzufügen und alles ca. 1 Min. weiterbraten. Den Bulgur und das Currypulver unterrühren und ca. 320 ml Wasser angießen. Alles mit Salz und Pfeffer würzen und zugedeckt bei mittlerer Hitze 8–10 Min. köcheln lassen, währenddessen ab und zu umrühren. Falls die Mischung zu trocken wird, esslöffelweise Wasser dazugeben.

3 Während der Bulgur gart, die Sesamsauce zubereiten. Dafür das Sesammus mit dem Zitronensaft, dem Agavendicksaft und 60 ml heißem Wasser in einen hohen Rührbecher füllen und mit dem Pürierstab zu einer cremigen Sauce aufschlagen. Die Sauce mit Salz abschmecken.

4 Zum Fertigstellen des Bulgurs 1 EL Aprikosen und 1 EL Mandeln für die Garnitur beiseitelegen. Die übrigen Aprikosen und Mandeln unter den Bulgur rühren und kurz darin erhitzen. Den Wirsingbulgur mit Salz und Pfeffer abschmecken und mit den restlichen Aprikosen und Mandeln bestreuen. Mit der Sesamsauce servieren.

CAPONATA-NUDELPFANNE ◖

ITALIENISCH

1 Aubergine (ca. 300 g)
Salz
2 Stangen Staudensellerie
450 g Tomaten
2 Knoblauchzehen
2 EL Pinienkerne
2 EL Olivenöl
Pfeffer
1 TL getrockneter Oregano
200 g Farfalle
   (Kochzeit 8–10 Min.)
40 g grüne Oliven (entsteint)
2 EL Kapern

GUT ZU WISSEN

Durch das Salzen wird den Auberginenscheiben Wasser entzogen, wodurch sich ihr Geschmack intensiviert und sie beim Braten weniger Fett aufnehmen. Das Abtupfen des austretenden Pflanzensafts reduziert außerdem den Gehalt an eventuell in der Auberginensorte enthaltenen Bitterstoffen und Solanin.

1 Die Aubergine waschen, putzen und längs in ca. 1 cm dicke Scheiben schneiden. Die Auberginenscheiben rundherum mit etwas Salz bestreuen und kurz ziehen lassen. Den Staudensellerie putzen, bei Bedarf die Fäden von den Stangen abziehen, und waschen. Die Selleriestangen fein hacken. Die Tomaten waschen, trocken reiben und in kleine Würfel schneiden, dabei die Stielansätze entfernen. Den Knoblauch schälen und in feine Würfel schneiden. Die Pinienkerne in einer Pfanne ohne Fett rösten, herausnehmen und auskühlen lassen.

2 Die Auberginenscheiben mit Küchenpapier trocken tupfen und in ca. 1 cm große Würfel schneiden. Das Öl in einer beschichteten Pfanne (ca. 28 cm ∅) erhitzen. Aubergine und Sellerie darin bei mittlerer Hitze unter Rühren 7–8 Min. andünsten. Tomaten und Knoblauch hinzufügen und alles ca. 3 Min. weiterdünsten. Mit Salz, Pfeffer und Oregano würzen.

3 Die Nudeln und ca. 400 ml Wasser zum Gemüse in die Pfanne geben. Alles zugedeckt bei großer Hitze aufkochen, dann bei mittlerer Hitze 12–15 Min. köcheln, bis die Nudeln gar sind. Währenddessen immer wieder umrühren, damit nichts am Pfannenboden anhängt. Falls die Mischung zu trocken wird, esslöffelweise Wasser dazugeben.

4 Die Oliven in dünne Scheiben schneiden. Die Hälfte der Oliven und der Kapern unter die Nudelpfanne rühren. Die Nudelpfanne mit Salz und Pfeffer abschmecken. Mit den restlichen Oliven und Kapern sowie den Pinienkernen garnieren.

Für 2 Personen • 30 Min. Zubereitung • Pro Portion ca. 790 kcal, 28 g EW, 38 g F, 77 g KH

NUDELPFANNE ALLA CARBONARA

SCHNELL

1 Schalotte
1 Knoblauchzehe
1 EL Butter
500 ml Gemüsebrühe
200 g Spaghetti (Koch-
    zeit 7–9 Min.)
40 g Rauchmandeln (geröstet
    und gesalzen)
40 g italienischer Hartkäse
    (mit mikrobiellem Lab,
    z. B. Montello)
2 Stängel glatte Petersilie
3 sehr frische Eigelb (M)
4 EL Sahne
Salz
Pfeffer

1 Die Schalotte schälen und in feine Würfel schneiden. Den Knoblauch schälen und fein hacken. Die Butter in einer beschichteten Pfanne (ca. 28 cm ⌀) erhitzen, Schalotte und Knoblauch darin ca. 1 Min. andünsten. Brühe dazugießen und alles zugedeckt bei großer Hitze aufkochen. Die Spaghetti dazugeben und 15–18 Min. zugedeckt garen, währenddessen ab und zu umrühren. Falls die Mischung zu trocken wird, esslöffelweise Wasser dazugeben.

2 Während die Nudeln garen, die Mandeln grob hacken. Den Käse fein reiben. Die Petersilie waschen und trocken schütteln, die Blätter abzupfen und grob hacken. Eigelbe, Sahne und 30 g Käse in einem Schälchen verquirlen. Die Eigelbmasse mit Salz und Pfeffer würzen. Sobald die Nudeln gar sind, die Pfanne von der Herdplatte nehmen und die Eigelb-Käse-Mischung unter die Nudelmischung rühren. Die Nudelpfanne mit Salz und Pfeffer abschmecken und auf Tellern anrichten. Mit übrigem Käse, Petersilie und Rauchmandeln bestreuen.

Für 2 Personen • 35 Min. Zubereitung • Pro Portion ca. 620 kcal, 24 g EW, 28 g F, 72 g KH

KÜRBIS-SPÄTZLE-GRÖSTL

EINFACH

*300 g Hokkaido-Kürbis
(mit Schale, ohne Kerne)
1 Stange Lauch (ca. 260 g)
½ Bund Schnittlauch
2 EL Rapsöl
300 g Spätzle (aus dem
Kühlregal)
1 TL mildes Currypulver
60 ml Gemüsebrühe
Salz
Pfeffer
30 g Bergkäse (mit mikro-
biellem Lab)
1 Ei (M)
100 g saure Sahne*

1 Den Kürbis waschen, trocken tupfen und ca. 1 cm groß würfeln. Den Lauch putzen, längs halbieren und gründlich waschen. Die Hälften quer in ca. 0,5 cm breite Streifen schneiden. Den Schnittlauch waschen, trocken schütteln und in feine Röllchen schneiden.

2 Das Öl in einer Pfanne (ca. 28 cm ⌀) erhitzen und die Kürbiswürfel darin bei mittlerer Hitze ca. 5 Min. unter Wenden anbraten. Die Spätzle dazugeben und alles 2–3 Min. unter Wenden weiterbraten. Lauch und Currypulver hinzufügen und 2–3 Min. weiterbraten. Zum Schluss die Brühe unterrühren. Mit Salz und Pfeffer würzen.

3 Den Bergkäse reiben. Die Hälfte des Käses mit Ei und saurer Sahne in einem Schälchen mit dem Schneebesen verrühren. Die Pfanne vom Herd ziehen, die Eier-Käse-Mischung untermischen und unter gelegentlichem Wenden stocken lassen. Das Gröstl mit dem restlichen Käse und dem Schnittlauch bestreuen.

Für 2 Personen • 35 Min. Zubereitung • 20 Min. Einweichen • Pro Portion ca. 675 kcal, 20 g EW, 28 g F, 85 g KH

GNOCCHI-PILZ-RAGOUT

FÜR KINDER

10 g getrocknete Steinpilze
150 g TK-Erbsen
2 Knoblauchzehen
1 Schalotte
2 Zweige Salbei
200 g Kräuterseitlinge
2 EL Sonnenblumenöl
400 g Gnocchi (aus dem
  Kühlregal)
200 ml Sojacreme zum
  Kochen (z. B. Soja Cuisine,
  16 % Fett)
Salz
Pfeffer
ca. 2 TL Zitronensaft

1 Steinpilze in 130 ml heißem Wasser 20 Min. einweichen. Erbsen etwas antauen lassen. Knoblauch und Schalotte schälen, beides klein würfeln. Salbei waschen und trocken tupfen, Blätter abzupfen. Einige Blätter für die Garnitur beiseitelegen, restliche Blätter in feine Streifen schneiden. Kräuterseitlinge putzen und in ca. 0,5 cm dicke Scheiben schneiden. Steinpilze aus dem Einweichwasser nehmen, gut ausdrücken und fein hacken. Einweichwasser durch einen Papierfilter oder ein sehr feines Sieb gießen und 80 ml abmessen.

2 Öl in einer Pfanne (ca. 28 cm ∅) erhitzen. Gnocchi darin bei mittlerer Hitze 8–10 Min. rundherum anbraten. Kräuterseitlinge, Steinpilze, Knoblauch und Schalotte dazugeben und alles 4–5 Min. weiterbraten. Salbeistreifen, Erbsen, Sojacreme und abgemessenes Einweichwasser in die Pfanne geben. Aufkochen und unter gelegentlichem Rühren 4–5 Min. köcheln lassen. Ragout mit Salz, Pfeffer und etwas Zitronensaft abschmecken. Mit Salbeiblättern garnieren.

Für 2 Personen • 40 Min. Zubereitung • Pro Portion ca. 630 kcal, 18 g EW, 23 g F, 85 g KH

GEMÜSE-SCHUPFNUDEL-RAGOUT

FRÜHLINGS-REZEPT

100 g TK-Erbsen
200 g grüner Spargel
150 g Zuckerschoten
1 Stange Lauch (ca. 250 g)
3 EL Sonnenblumenöl
400 g Schupfnudeln (aus dem
   Kühlregal)
200 ml Gemüsebrühe
250 ml Milch
Salz
Pfeffer
15 g Mehl (Type 405)
4 Stängel Kerbel

1 Erbsen antauen lassen. Spargel waschen, holzige Enden abschneiden. Stangen im unteren Drittel schälen und in 3–4 cm lange Stücke schneiden. Zuckerschoten putzen, waschen und jeweils quer halbieren. Lauch putzen, längs halbieren, gut waschen und quer in ca. 0,5 cm breite Streifen schneiden. 2 EL Öl in einer beschichteten Pfanne (ca. 28 cm ∅) erhitzen. Schupfnudeln darin bei mittlerer Hitze in ca. 5 Min. knusprig braten, dann herausnehmen.

2 Übriges Öl (1 EL) in der Pfanne erhitzen. Spargel, Zuckerschoten und Erbsen 3–4 Min. dünsten. Brühe und 200 ml Milch angießen. Aufkochen und offen bei mittlerer Hitze ca. 4 Min. köcheln. Lauch dazugeben. Salzen, pfeffern, 2 Min. köcheln. Restliche Milch (50 ml) mit Mehl verquirlen, unter das Ragout rühren. Unter Rühren aufkochen, ca. 4 Min. köcheln. Salzen, pfeffern. Schupfnudeln untermischen und erhitzen. Kerbel waschen, Blätter abzupfen. Die Hälfte hacken und unter das Ragout mengen. Kerbelblättchen daraufstreuen.

AUS DEM OFEN

WARMER ANTIPASTISALAT VOM BLECH

ITALIENISCH

1 Aubergine (ca. 300 g)
Salz
1 gelbe Paprika (ca. 200 g)
1 Zucchino (ca. 230 g)
200 g Möhren
2 Knoblauchzehen
6 EL Olivenöl
Pfeffer
160 g Ciabatta (italienisches
  Weißbrot)
3 Stängel Basilikum
40 g italienischer Hartkäse
  (mit mikrobiellem Lab, z. B.
  Montello)
4 TL Aceto balsamico

GUT ZU WISSEN

Traditionelle italienische Hartkäse wie Parmigiano Reggiano, Grana Padano oder Pecorino werden meist mit Zusatz von tierischem Lab produziert. Ein guter Ersatz für Vegetarier ist der mit mikrobiellem Lab hergestellte Montello.

1 Die Aubergine waschen, putzen und längs in ca. 1 cm dicke Scheiben schneiden. Die Auberginenscheiben rundherum mit etwas Salz bestreuen und kurz ziehen lassen.

2 Die Paprika waschen und längs halbieren, weiße Trennwände und Kerne entfernen. Die Hälften in ca. 2 × 2 cm große Stücke schneiden. Zucchino waschen, putzen, längs halbieren und in ca. 1 cm dicke Scheiben schneiden. Die Möhren putzen, schälen und schräg in ca. 0,5 cm dünne Scheiben schneiden. Den Knoblauch schälen und durch eine Knoblauchpresse zum Öl drücken, beides verrühren.

3 Den Backofen auf 180° vorheizen. Ein Backblech mit Backpapier belegen. Die Aubergine mit Küchenpapier trocken tupfen und in ca. 2 × 2 cm große Stücke schneiden. Aubergine, Paprika, Zucchino, Möhren und die Hälfte des Knoblauchöls in einer Schüssel mischen. Die Mischung mit Salz und Pfeffer würzen, auf drei Viertel des Blechs verteilen und im Ofen (Mitte) 10–12 Min. backen. Inzwischen das Ciabatta ca. 2 × 2 cm groß würfeln und mit dem übrigen Knoblauchöl mischen. Nach den 10–12 Min. Backzeit die Brotwürfel auf der freien Fläche des Blechs verteilen. Alles noch 10–13 Min. weiterbacken.

4 Das Basilikum waschen und trocken schütteln, die Blätter abzupfen. Den Käse in feine Späne hobeln, z. B. mit einem Sparschäler. Gemüse, Brot und Aceto balsamico mischen. Den Salat kurz abkühlen lassen und mit Basilikumblättern und Käsespänen anrichten.

Für 2 Personen • 20 Min. Zubereitung • 30 Min. Backen • Pro Portion ca. 505 kcal, 8 g E, 30 g F, 50 g KH

BACKKARTOFFELSALAT MIT RUCOLA

EINFACH

650 g kleine festkochende Kartoffeln
1 rote Paprika (ca. 200 g)
1 Knoblauchzehe
4 EL Olivenöl
1 kleine rote Zwiebel
30 g Rucola
50 g schwarze Oliven (entsteint)
2 EL Weißweinessig
2 TL körniger Senf
1 TL Honig
Salz

GUT ZU WISSEN

Achten Sie beim Kauf der Oliven darauf, dass keine Farbstabilisatoren wie Eisengluconat (E579) und Eisenlactat (E585) auf der Zutatenliste stehen. Denn dann handelt es sich nur um eingefärbte grüne Oliven, die weniger aromatisch sind.

1 Den Backofen auf 180° vorheizen. Die Kartoffeln schälen, waschen, trocken tupfen und jeweils halbieren (bei Verwendung neuer Kartoffeln, diese mit Schale gut waschen, trocken tupfen und halbieren). Die Paprika waschen und längs halbieren, weiße Trennwände und Kerne entfernen. Die Hälften in ca. 2 × 2 cm große Quadrate schneiden.

2 Den Knoblauch schälen, durch eine Knoblauchpresse zum Olivenöl drücken und beides verrühren. Ein Backblech mit Backpapier belegen. Die Kartoffeln gut mit der Ölmischung vermengen, auf dem Blech verteilen und im Ofen (Mitte) ca. 10 Min. backen. Dann die Kartoffeln mithilfe eines Pfannenwenders auf dem Blech wenden und die Paprika gut untermischen, sodass sie vollständig von der Ölmischung umhüllt ist. Alles zusammen in 15–20 Min. zu Ende garen.

3 Inzwischen die Zwiebel schälen und in kleine Würfel schneiden. Den Rucola verlesen, von groben Stielen befreien, waschen, trocken schütteln und grob schneiden. Die Oliven in dünne Ringe schneiden. Den Essig mit dem Senf und dem Honig verrühren. Die Mischung mit Salz und Pfeffer würzen und die Zwiebelwürfel unterrühren.

4 Den Kartoffel-Paprika-Mix aus dem Ofen nehmen und etwas abkühlen lassen. Dann mit der Senf-Zwiebel-Marinade und den Oliven vermischen. Den Salat mit Salz und Pfeffer abschmecken. Zum Schluss den Rucola unterheben. Der Salat schmeckt warm oder kalt.

Für 2 Personen • 25 Min. Zubereitung • 30 Min. Backen • Pro Portion ca. 635 kcal, 24 g E, 39 g F, 46 g KH

GEMÜSEMIX MIT POTATO WEDGES

SOMMER-REZEPT

1 Aubergine (ca. 350 g)
Salz
2 Knoblauchzehen
5 EL Olivenöl
Pfeffer
1 TL edelsüßes Paprikapulver
450 g festkochende Kartoffeln
1 rote Paprika (ca. 200 g)
1 Knolle Fenchel (mit Grün;
* ca. 300 g)*
½ Bund Schnittlauch
200 g Magerquark
100 g Schmand

1 Backofen auf 180° vorheizen. Backblech mit Backpapier belegen. Aubergine waschen, putzen, längs vierteln, mit Salz bestreuen, kurz ziehen lassen. Knoblauch schälen, zum Öl pressen, gut verrühren. 1 TL Öl für den Dip abnehmen. Restliches Öl mit etwas Salz und Pfeffer sowie Paprikapulver verrühren. Kartoffeln schälen, waschen, längs in ca. 2 cm dicke Spalten schneiden. Paprika waschen, putzen, ca. 3 × 3 cm groß schneiden. Vom Fenchel etwas Grün beiseitelegen. Knolle putzen, waschen, längs in ca. 2 cm dicke Spalten schneiden. Aubergine trocken tupfen, quer in ca. 3 cm breite Stücke schneiden.

2 Kartoffeln, Gemüse und Würzöl mischen, auf dem Blech verteilen. Im Ofen (Mitte) 25–30 Min. backen, dabei einmal wenden. Schnittlauch waschen, trocken schütteln, in Röllchen schneiden. Fenchelgrün waschen, trocken tupfen, fein schneiden und mit Quark, Knoblauchöl, Schmand, 1–2 EL Wasser sowie Schnittlauch verrühren. Mit Salz und Pfeffer würzen. Gemüse und Kartoffeln mit Dip servieren.

Für 2 Personen • 30 Min. Zubereitung • 30 Min. Backen • Pro Portion ca. 915 kcal, 34 g E, 59 g F, 61 g KH

OFENCOUSCOUS MIT ROSENKOHL

WINTER-REZEPT

ca. 300 ml Gemüsebrühe
125 g Couscous
1 Zwiebel
500 g Rosenkohl
60 g Walnusskerne
2 EL Rapsöl
Salz
Pfeffer
frisch geriebene Muskatnuss
100 g milder Blauschimmel-
*   käse (mit mikrobiellem Lab)*
125 g griechischer Joghurt
*   (10 % Fett)*
1 Ei (M)

1 Die Gemüsebrühe in einem Topf erhitzen. Den Couscous in einer Auflaufform (ca. 26 × 18 cm) verteilen, mit der Brühe übergießen und kurz quellen lassen. Die Zwiebel schälen und in feine Würfel schneiden. Den Rosenkohl putzen und waschen, die Röschen jeweils längs halbieren oder vierteln. Die Walnusskerne grob hacken.

2 Den Backofen auf 180° vorheizen. Zwiebel, Rosenkohl, Walnüsse und Rapsöl vermischen. Die Mischung mit Salz, Pfeffer sowie 1 Prise Muskatnuss würzen, gleichmäßig auf dem Couscous verteilen und flach andrücken.

3 Den Käse in einer Schüssel mit einer Gabel sehr fein zerdrücken. Den Joghurt und das Ei hinzufügen und alles gut verrühren. Die Käsemischung mit Salz abschmecken und möglichst gleichmäßig auf der Rosenkohlmischung verteilen. Im Ofen (Mitte) 25–30 Min. backen, bis der Käse geschmolzen und leicht gebräunt ist.

Für 2 Personen • 20 Min. Zubereitung • 40 Min. Backen • Pro Portion ca. 740 kcal, 21 g E, 40 g F, 85 g KH

HASSELBACK-KÜRBIS

HERBST-REZEPT

1 Butternuss-Kürbis (ca. 1 kg)
2 Knoblauchzehen
5 EL Olivenöl
20 kleine Salbeiblätter
30 g italienischer Hartkäse
* (mit mikrobiellem Lab,*
* z. B. Montello)*
4 Scheiben Ciabatta (italienisches
* Weißbrot)*
Salz
Pfeffer
200 g griechischer Joghurt
* (10 % Fett)*

1 Kürbis längs halbieren, entkernen und schälen. Hälften mit den Schnittflächen nach unten auf ein Brett legen und mit einem Messer mit nicht zu dicker Klinge quer im Abstand von ca. 3 mm ein-, aber nicht durchschneiden. Dafür jeweils am besten zwei Holzkochlöffel rechts und links an die Längsseiten der Hälfte legen. Ein Backblech mit Backpapier belegen und die Kürbishälften darauflegen. Den Backofen auf 180° vorheizen.

2 Knoblauch schälen, zum Öl pressen und beides verrühren. Salbei waschen, trocken tupfen und in einige Schnittstellen in den Kürbis stecken. Kürbis mit zwei Drittel des Öls bestreichen und im Ofen (Mitte) 25 Min. backen. Inzwischen Käse reiben und das Brot rundherum mit dem restlichen Öl bestreichen.

3 Nach den 25 Min. Backzeit Kürbis mit Salz und Pfeffer würzen und mit Käse bestreuen. Brot mit auf das Blech legen und alles 10–15 Min. weiterbacken, bis der Kürbis weich und das Brot goldbraun ist. Inzwischen Joghurt mit Salz und Pfeffer würzen. Kürbis mit Brot und Joghurt servieren.

Für 2 Personen • 25 Min. Zubereitung • 45 Min. Backen • Pro Portion ca. 545 kcal, 32 g E, 27 g F, 42 g KH

KARTOFFELAUFLAUF MIT TOFU

KLASSIKER

100 g Sahne
100 ml Milch
1 Knoblauchzehe
Salz, Pfeffer
400 g vorwiegend festkochende
Kartoffeln
70 g Emmentaler (mit mikro-
biellem Lab)
1 Glas 3-Minuten-Sauerkraut
(350 g Abtropfgewicht)
120 g Räuchertofu
1 Zwiebel
80 g Weintrauben

AUSSERDEM
Fett für die Form

1 Backofen auf 180 ° vorheizen. Sahne und Milch in eine gefettete Auflaufform (ca. 20 x 18 cm) geben. Knoblauch schälen und dazupressen. Salzen, pfeffern und verrühren. Kartoffeln schälen, waschen, in ca. 2 mm dünne Scheiben schneiden. Kartoffeln dachziegelartig in die Form einschichten. Im Ofen (Mitte) 15–20 Min. backen.

2 Inzwischen Emmentaler reiben. Kraut in einem Sieb abtropfen lassen. Tofu ca. 1 cm groß würfeln. Zwiebel schälen und längs in ca. 0,5 cm dünne Spalten schneiden. Trauben waschen, trocken tupfen, längs halbieren und entkernen. Kraut, Tofu, Zwiebel und Trauben mischen. Mit Salz und Pfeffer würzen.

3 Form nach den 15–20 Min. Backzeit aus dem Ofen nehmen. Krautmischung gleichmäßig auf den Kartoffeln verteilen, etwas flacher andrücken und mit Emmentaler bestreuen. Im Ofen in 20–25 Min. goldbraun backen. Herausnehmen und ca. 5 Min. ruhen lassen.

Für 2 Personen • 20 Min. Zubereitung • 40 Min. Backen • Pro Portion ca. 620 kcal, 19 g E, 36 g F, 52 g KH

ROTE-BETE-GRATIN MIT FETA

GELINGT LEICHT

300 g orangefarbene Süß-
kartoffeln
3 EL Olivenöl
350 g Rote Beten
1 Schalotte
2 Orangen
Salz
Pfeffer
3 Zweige Thymian
150 g Schafskäse (Feta)
2 EL Pinienkerne

AUSSERDEM
Fett für die Form

1 Backofen auf 180° vorheizen. Süßkartoffeln schälen, waschen, in ca. 2 cm große Würfel schneiden und mit 1 EL Öl mischen. Rote Beten putzen, schälen, in ca. 1 cm große Würfel schneiden und mit 1 EL Öl mischen. Schalotte schälen und grob würfeln. Orangen halbieren, Saft auspressen. Dann ca. 150 ml Saft mit der Schalotte in einem hohen Mixbecher sehr fein pürieren. Mit Salz und Pfeffer würzen. Thymian waschen und trocken schütteln, Blättchen abzupfen.

2 Eine Auflaufform (ca. 30 × 20 cm) fetten. Schalotten-Orangensaft-Mix gleichmäßig darin verteilen und mit ca. zwei Drittel des Thymians bestreuen. Süßkartoffeln und Rote Beten darauf verteilen. Gemüse im Ofen (Mitte) ca. 20 Min. backen. Inzwischen Schafskäse grob zerbröseln und mit restlichem Thymian, Pinienkernen und restlichem Öl (1 EL) mischen. Nach den 20 Min. Backzeit auf dem Gemüse verteilen und alles 15–20 Min. weiterbacken, bis der Käse geschmolzen und goldbraun ist.

Für 2 Personen • 20 Min. Zubereitung • 45 Min. Backen • Pro Portion ca. 510 kcal, 25 g E, 25 g F, 41 g KH

WEISSE BOHNEN MIT QUINOA

GUT VORZUBEREITEN

1 Dose weiße Riesenbohnen
(240 g Abtropfgewicht)
70 g Quinoa
2 Knoblauchzehen
450 g Tomaten
3 TL Tomatenmark
1 TL getrockneter Oregano
2 EL Olivenöl
Salz
Pfeffer
170 ml Gemüsebrühe
125 g Mozzarella
2 Stängel Oregano

AUSSERDEM
Fett für die Form

1 Backofen auf 180° vorheizen. Bohnen in ein Sieb abgießen, abbrausen und abtropfen lassen. Quinoa in einem feinen Sieb unter heißem Wasser gründlich abbrausen, dann abtropfen lassen. Knoblauch schälen und durch eine Knoblauchpresse drücken. Tomaten waschen, trocken reiben und in ca. 1 cm große Würfel schneiden, dabei die Stielansätze entfernen. Bohnen, Knoblauch, Tomaten, Tomatenmark, Oregano und Olivenöl mischen. Mit Salz und Pfeffer würzen. Gemüsebrühe und Quinoa unterrühren.

2 Eine Auflaufform (ca. 22 × 18 cm) fetten. Bohnenmix darin verteilen und im Ofen ca. 25 Min. backen. Inzwischen Mozzarella klein würfeln. Auflauf nach den 25 Min. Backzeit aus dem Ofen nehmen, gut durchrühren und Käse darauf verteilen. Im Ofen 15–20 Min. weiterbacken, bis der Käse geschmolzen und goldbraun ist. Oregano waschen und trocken schütteln, Blättchen abzupfen. Auflauf aus dem Ofen nehmen, ca. 5 Min. ruhen lassen. Mit Oregano bestreuen.

Für 2 Personen • 20 Min. Zubereitung • 30 Min. Backen • Pro Portion ca. 550 kcal, 17 g E, 33 g F, 47 g KH

TOMATEN-ZUCCHINI-POLENTA

MEDITERRAN

1 Knoblauchzehe
100 g Polenta (Maisgrieß)
Salz
4 EL Olivenöl
50 g italienischer Hartkäse
  (mit mikrobiellem Lab,
  z. B. Montello)
1 Zweig Rosmarin
250 g Romatomaten
1 Zucchino (ca. 250 g)
20 g Haselnusskerne
Pfeffer

1 Backofen auf 180° vorheizen. Knoblauch schälen, durchpressen und mit ca. 460 ml heißem Wasser, Polenta, ca. 1 TL Salz und 2 EL Öl in einer Auflaufform (ca. 30 × 20 cm) verrühren. Mischung 5 Min. in den Ofen (Mitte) stellen. Herausnehmen, mit einem Schneebesen durchrühren und weitere 5 Min. in den Ofen stellen. Inzwischen Käse fein reiben. Rosmarin waschen und trocken schütteln. Nadeln abzupfen, grob hacken und mit dem übrigen Öl (2 EL) vermischen. Polenta aus dem Ofen nehmen (Ofen nicht ausschalten), die Hälfte des Käses unterrühren. Polenta glatt streichen und beiseitestellen.

2 Tomaten waschen, trocken reiben. In ca. 3 mm dünne Scheiben schneiden, dabei Stielansätze entfernen. Zucchino waschen, putzen und in ca. 3 mm dünne Scheiben schneiden. Nüsse grob hacken. Zucchino und Tomaten dachziegelartig auf die Polenta legen, mit Rosmarinöl bestreichen. Salzen und pfeffern, mit Nüssen und übrigem Käse bestreuen. Im Ofen in ca. 20 Min. goldbraun backen.

GEBACKENE TORTELLINI MIT PASTINAKE

FÜR KINDER

170 g Pastinaken
1 Schalotte
1 Knoblauchzehe
130 g Sahne
130 ml Milch
Salz
Pfeffer
200 g Brokkoli
*350 g Tortellini (aus dem Kühl-
regal; vegetarisch gefüllt, z. B.
Käse- oder Gemüsefüllung)*
*60 g Emmentaler (mit mikro-
biellem Lab)*
3 Stängel Petersilie
2 EL Semmelbrösel

1 Den Backofen auf 180° vorheizen. Die Pastinaken putzen, schälen und in kleine Stücke schneiden. Die Schalotte schälen und in grobe Würfel schneiden. Den Knoblauch schälen und in feine Würfel schneiden. Pastinaken, Schalotte und Knoblauch mit Sahne, Milch und ca. 100 ml Wasser mit einem Pürierstab oder im Standmixer sehr fein pürieren. Das Püree mit Salz und Pfeffer würzen.

2 Den Brokkoli putzen, waschen und in sehr kleine Röschen schneiden. Die Stiele schälen und in kleine Stücke schnei-den. Die Tortellini mit dem Brokkoli in einer Auflaufform (ca. 30 × 20 cm) mischen und gleichmäßig in der Form vertei-len, dabei alles vorsichtig flach andrücken. Pastinakenmischung nochmals durchrühren und gleichmäßig auf die Zutaten in der Form verteilen. Im Ofen (Mitte) 15 Min. backen.

3 Inzwischen den Käse reiben. Die Petersilie waschen und tro-cken schütteln, die Blätter abzupfen und fein hacken. Den Käse mit der Petersilie und den Semmelbröseln vermischen. Nach den 15 Min. Backzeit die Käsemischung in der Form verteilen und alles in 10–15 Min. goldbraun fertig backen. Gebackene Tortellini aus dem Ofen nehmen und vor dem Servieren ca. 5 Min. ruhen lassen.

GU CLOU

Die Pastinaken sind fein pü-riert und geben dem Auflauf neben Bindung ein süßliches Aroma, das vor allem Kinder gerne mögen.

REGISTER

Vegane Rezepte, die im Buch mit einem ◖ gekennzeichnet sind, sind grün abgesetzt.

Abkürzungsverzeichnis:
E = Eiweiß
EL = Esslöffel (gestrichen)
F = Fett
kcal = Kilokalorien
KH = Kohlenhydrate
Msp. = Messerspitze
Pck. = Päckchen
TK = Tiefkühl
TL = Teelöffel (gestrichen)
Ø = Durchmesser

LIEBE LESERINNEN UND LESER,

wir wollen Ihnen mit diesem Buch Informationen und Anregungen geben, um Ihnen das Leben zu erleichtern oder Sie zu inspirieren, Neues auszuprobieren. Wir achten bei der Erstellung unserer Bücher auf Aktualität und stellen höchste Ansprüche an Inhalt und Gestaltung. Alle Anleitungen und Rezepte werden von unseren Autoren, jeweils Experten auf ihren Gebieten, gewissenhaft erstellt und von unseren Redakteur*innen mit größter Sorgfalt ausgewählt und geprüft.

Haben wir Ihre Erwartungen erfüllt? Sind Sie mit diesem Buch und seinen Inhalten zufrieden? Wir freuen uns auf Ihre Rückmeldung. Und wir freuen uns, wenn Sie diesen Titel weiterempfehlen, in Ihrem Freundeskreis oder bei Ihrem Online-Kauf.

Sollten wir Ihre Erwartungen so gar nicht erfüllt haben, tauschen wir Ihnen Ihr Buch jederzeit gegen ein gleichwertiges zum gleichen oder ähnlichen Thema um.

KONTAKT ZUM LESERSERVICE

GRÄFE UND UNZER VERLAG
Grillparzerstraße 12
81675 München
www.gu.de

IMPRESSUM

© 2021 GRÄFE UND UNZER VERLAG GmbH, Postfach 860366, 81630 München

GU ist eine eingetragene Marke der GRÄFE UND UNZER VERLAG GmbH, www.gu.de

ISBN 978-3-8338-8016-2
6. Auflage 2025

Projektleitung: Linh Nguyen
Lektorat: Karin Kerber
Korrektorat: Jutta Friedrich
Gesamtgestaltung: independent Medien-Design, München
Umschlaggestaltung: ki36 Editorial Design, Sabine Krohberger, München
Herstellung: Mendy Willerich
Satz: Eberl & Koesel Studio GmbH
Reproduktion: medienprinzen GmbH, München
Druck und Bindung: Firmengruppe APPL, aprinta druck, Wemding
Printed in Germany

DER AUTOR

Marco Seifried ist gelernter Koch, Diplom-Oecotrophologe und begeisterter Kochbuchautor. Er war lange für einen großen Hamburger Verlag als Food-Redakteur tätig und arbeitet heute als freier Food-Journalist für verschiedene renommierte Zeitschriften und Verlage.

DIE FOTOGRAFIN

Julia Hoersch ist eine vielfach ausgezeichnete Fotografin aus Hamburg. Zusammen mit Petra Speckmann (Foodstyling) und Christine Mähler (Requisite) setzte sie die One Pot Gerichte stilvoll in Szene.

Bildnachweis:
Julia Hoersch: S. 06–59 und Stepfotos auf den Klappen
Coco Lang: S. 01, 05 und Stillleben auf den Klappen
Kathrin Koschitzki: Cover
Autorenfoto: privat

Umwelthinweis:
Nachhaltigkeit ist uns sehr wichtig. Der Rohstoff Papier ist in der Buchproduktion hierfür von entscheidender Bedeutung. Daher ist dieses Buch auf PEFC-zertifiziertem Papier gedruckt. PEFC garantiert, dass ökologische, soziale und ökonomische Aspekte in der Verarbeitungskette unabhängig überwacht werden und lückenlos nachvollziehbar sind.

Syndication: www.imageprofessionals.com

Die GU-Homepage finden Sie unter www.gu.de

APPETIT AUF MEHR?

ISBN 978-3-8338-6853-5

ISBN 978-3-8338-6763-7

ISBN 978-3-8338-7875-6

ISBN 978-3-8338-7814-5

ISBN 978-3-8338-6622-7

ISBN 978-3-8338-7302-7

 Alle hier vorgestellten Bücher
sind auch als eBook erhältlich.

DIE »GU KOCHEN PLUS«-APP

1 APP HERUNTERLADEN

Laden Sie die kostenlose »GU Kochen Plus«-App im Apple App Store oder im Google Play Store auf Ihr Smartphone. Starten Sie die App und wählen Sie Ihren Küchenratgeber aus.

2 REZEPTBILD SCANNEN

Scannen Sie das gewünschte Rezeptbild mit der Kamera Ihres Smartphones. Klicken Sie im Display die Funktion Ihrer Wahl.

3 FUNKTIONEN NUTZEN

Sammeln Sie Ihre Lieblingsrezepte. Speichern und verschicken Sie Ihre Einkaufslisten. Oder nutzen Sie den praktischen Supermarkt-Finder und den Rezept-Planer.